붉은 안개의 유혹

붉은 안개의 유혹

정은숙 시집

문득 마주한 시간, 그리고 응시

살다가 잠시 숨 고를 시간이 주어진 것은 축복이다. 마음이 하는 이야기, 몸이 보내는 언어에 귀 기울일 수 있음은 또한 소중한 선물이다.

일상 속에 담긴 의미들이 새롭게 다가온다. 지나온 시간이 깨어나고 삶에 대한 의문이 가슴을 두드린다.

익숙한 듯 익숙하지 않은 갈림길 위에서 귀를 열고 마음을 모으니 하루가 눈을 맞추고 별빛이 소곤거리며 들풀이 손을 내민다. 주위를 둘러싼 존재들이 살아 움직이며 말을 걸어온다.

본질은 쉽게 드러나지 않는다. 응시는 본질에 닿으려는 갈구의 과정이다. 갈증과 결핍을 설렘과 수긍으로 치환해주는 따스하고도 치열한 몸부림이다.

하루하루의 일상, 관계로서의 존재, 자연의 예지, 생의 통로인 시공간에 대한 응시는 아름답고 의미 있는 삶을 그리기 위한 시작이고 실천이다.

이제 그간의 응시를 언어로 엮어 세상에 선보이려 한다.

제1부

기억 저편의 강

제2부

그리움의 닻을 내리고

제3부

달빛 눈망울의 위로

제4부

크레바스에 쌓인 이야기

제5부

구겨진 날개를 펴며

제6부

봄날의 하루는 시가 되어

제7부

청록 빛살에 익어가는 시간

제8부

서늘한 손짓에 몸을 맡기고

제9부

긴 어둠의 파수꾼

제1부

기억 저편의 강

거미집

모질고 모질도록
유혹의 망(網) 짓는다
결핍을 채워야 한다

절박한 페로몬이라도 뿌릴까
아찔하고 음습한 몸놀림의 파동
뒤따른 팽팽한 응답

그림자에 박힌
심장을 꺼내놓으며
긴박한 고동 소리 읽는다

둥근 해, 둥근 땅
둥근 생사의 줄

둥그렇게 목숨의 줄 깁고
몸 굴려 유연히 휘감는다
언제 적 기억인지 뇌리에 남아
태아가 된 생, 칭칭 말고 있다

기억 저편의 밤

전등 불빛에 흔들리며
누군가를 만나러 간 영혼
돌아오지 않았다

그림자 사그라지는 적막 속에
오지 않을 손님 기다리는 빈 벽
맥없는 허무 뱉어내고
초점 잃은 눈 맞춤에 끊긴 아슬아슬한 인연 줄
외마디 비명과 함께 튕겨 나가
차디찬 밤, 낙담으로 수의를 엮었다

핏기 가신 얼굴 쓰다듬으며
하얗게 바랜 냉가슴
한기 속 파르르 떨리는 숨결
모두가 가고 모두가 보내는 길
엇갈려 치달으면 이 길 닫힐까

몸부림으로 사윈 마지막 울음
절망의 시간 지나온 미명
기억의 저편을 깁는다

모래시계

자그마한 바늘구멍
하나의 심장 가른 채
사나운 폭풍으로
시계(視界)를 막아선다

사막의 한낮은
달구어질 대로 달구어진 여로
오아시스는 어디쯤 있을까
존재하는 신기루인지

못내 꿈틀대는 의문
숨 고르기로 마주하며
하나가 될 안식처 찾아
간절히 머물러야 하는데

비틀린 띠를 압박하는 달음박질
짧은 해후 후 찾아온 가혹한 반복
허공의 여백은 자유가 아니었나

평행선으로 무장한 길 따라
다시 뱅뱅 도는 무언의 삶
개미굴 속으로 회오리쳐 빨려 들어간다

늪 탈출기

우울해하기엔
사방이 온통 맑은 날
허공을 잡고라도 일어나야 한다

달큰한 숨결
쌉싸름한 내음
몽환 속 그림자

유혹이 휘청이는 곳
향내 도사리는 바닥엔
마비된 신경들 나뒹굴고
녹슨 끈은 올무로 얽혀있다

수렁에 핀
끊어야 할 당위를 밟으며
하나씩 벗겨지는 허상의 유희

칙칙한 가슴 움츠려도
우울할 수 없이 맑은 날엔
빛살을 날개 삼아 날아야 한다

성장통

설렘도 두려움도 잊은 채
하루가 열리니
멀리 지나온 어제 다시 걷는다

낯설지 않은 오늘
멈췄던 초침 살아나고
숨겨진 시간 꿈틀거려도
아리고 쓰라린 시절
꽃으로 피어날까

벼랑 끝 한 줌 푸름처럼
가녀리고 위태로워도
담담히 맞이하는 길

허공에 흔들리고
기억되지 않더라도
뚜벅뚜벅 오늘을 걷는다

붉은 안개의 유혹

사방이 어둠으로 가득 차
분간 못할 어스름 속

갈등은 갈망을 낳고
경계를 넘어서지 못한 이성
하나씩 쓰러지는 밤

안개도 유혹을 탐했다

새벽을 몰고 온 혼돈
말간 해가 솟아도
물러서지 않는 핏빛 미로

사면을 차단한 채
형상이란 형상
죄다 몽환으로 묶어놓고
소리 없이 달아난 공간에서

어슴푸레하고 눅진한 시간
한낮이 되어서야 메말라
뒤돌아봄 없이 떠나고 있다

과속

그들이 처음부터
속도를 즐긴 건 아니었어

바람을 가르는 속도는
두려움 그 자체였으니

어쩌다 한 번 맛봄이
잊을 수 없는 독이 된 걸까

가다듬을 때를 놓치며
숨 가쁘게 앞으로 치달았지

포장도로는 보이지 않아
비포장도로의 덜컹거림도
무한 조합의 꿈을 꺾을 순 없어

내재된 브레이크가 작동해도
가속된 힘은 멈출 수 없는 거야

무엇을 위해 주저 없이 내달리는지
그들은 알고 있을까

피 통하지 않는 발로
가속 페달 누르며

끝내 산산이 부서질지 모를 거란
의문을 부정한 채 그들은

포돗빛 바다에 둘러싸여
아름답고 신비하게 떠 있는
크레타섬을 향해 질주하는 거야

시계 불량(視界 不良)

눈 감지 못하는 시간이
지나고 또 한참을 지나도
여전히 어울림 없는 시간 속이다

어둠이 길어질수록
밤은 미로를 되짚어가며
오가기를 반복하고

꽉 찬 침묵이 사방을 채워도
무거움 모르는 시간은
각질이 일어난 페부를 뜯고 있다

방향 잃은 초침이 머뭇거리자
어둠이 허공에 멈춰 서선
숨을 재운 공기의
한숨 뱉을 공간조차 지워버렸다

소리도 지워지고
아름다움도 지워져
덩그러니 존재하는 벽만
희미하게 인식하는 박탈성 시야

한때의 아픔이 고요를 베어 물고
몸부림에 힘이 빠지고 나서야
우울한 도시의 하늘에 아침이 열렸다

아직도 안개가 뿌옇다
오늘도 가려야 할 무엇이 지천이구나
마음의 깊이가 한 치도 안 보임은
연유를 물어 무얼 할까

경계

날 가둔 바람 자유롭고
바람처럼 나도 자유롭지

안과 밖을 나누고
자아와 타인으로 가른 채
마주 봄을 연결하는 창

하루를 살며
수없이 마주하는 형상
순간의 갈림으로 낯설어도

갇힌 듯 열린 듯 모호하게
의문을 던지는 획 너머
바람 되어 넘나드는
그림자의 읊조림이 따스하다

망각의 시간

무얼 지우고 싶을까
철썩철썩
밤새워 제 몸 때리는 바다

말 없는 방파제
지난날 뱉으려는 몸부림
묵묵히 지켜보다 잠이 든다

차가운 발밑 세상
떨치고 돌아가길 수만 번
속 끓이던 세상사
하얀 물거품으로 토하며

다 끌어안지 못한 삶
거칠게 내려놓고
맨몸으로 돌아가고 있다

열병의 꽃

마르지 않는 오아시스 앞에 두고
목마름이 거두어지지 않는 건
사막 어딘가
지울 수 없는 눈물이 고여있는 까닭이지

가만히 가슴에 별 모으고
밤하늘 둘러보니
넘치는 빛무리 사이로
허황한 빛 하나 울음을 삼킨다

산다는 건 어쩌면
결핍에 결핍을 더하며
익숙한 갈림길 앞에서
아름답게 흔들리는 것

사막여우는 사막을 사랑한다
나는 갈증을 사랑한다

모래폭풍 휘젓고 떠난 대지에
사막보다 의연한 가슴에
열병의 꽃
조용히 피어 있다

해빙

굼뜨기만 한 계절의 허리
눈에 띄게 짧아져 가는 기운
얼었던 샛강 물은 녹으며
강변 모래밭을 흔들고 있다

겨우내 달궈졌던 구들장 이야기
미지근하게 식어가고
시린 목 싸맨 목도리 풀리던 날
움츠린 자작나무 숲 기지개를 켠다

긴 겨울이 시작되며
덜컹, 사유로 둘러싸여
기다림을 남겼던 숲

어둠이 미명을 잡아도
토닥이며 다가오는 새벽
안개는 캄캄한 가슴을 돌아
호젓한 기억 속을 더듬는다

고목의 뿌리, 향기를 기억해 내고
숨결 잊은 가지 빛살을 담아내면
새봄은 더딘 시간에 갇힌 머뭇거림
잔잔히 풀어놓으며 다가오고 있다

새벽 강

어둠 속 휘청이며 흔들리는
신경의 촉수
풀이 죽은 듯 늘어졌다

창백한 넋은 날을 지새우고
억만 겹의 상념 서늘하게 휘감으며
흩어지는 바람을 좇는다

음습한 시간을 걷다
어둠이 걷히며 조금씩 드러나는
희고 여린 강

어릴 적 동네 굿판의 마지막엔
긴 무명천 한가운데를
몸으로 찢으며 건너던 무당이 있었다

칙칙한 안개 가르며
새벽 강은 미명 속을 흐르고
강 건너 어딘가엔
하얀 얼굴이 아침을 맞고 있다

제2부

그리움의 닻을 내리고

연(緣)의 이야기

억겁의 시간이 지나도
갈바람은 이어지고
살포시 흔들리는 들풀의 화답

풀씨처럼 겉돌던 시간도
한 번은 피어야 하기에
하나와 또 하나의 품
씨실과 날실 되어 연(緣)을 엮는다

무엇도 담을 수 없는 품에
벅찬 세상 껴안고
드넓은 품에 이끌렸을 때 마주한
울창한 숲의 속삭임과 심연의 바닷속 울림

든든한 가슴의 결 보았다
싹 틔우고 꽃을 기다리고 있었다
한 번은 만나야 하기에
꽃비에 물든 가슴

세월이 다하고 나면 재가 되더라도
오늘 짓지 않으면
사그라짐조차 모를 이야기
품에서 품으로 이어지고 있다

구름의 서정

우리의 해후는 언제쯤일까
바람에 밀려 홀로된 구름
가만히 생각에 잠긴다

크고 작은 산맥 넘으며
부딪히고 찢기고 엮였다 풀어져도
한 덩이로 다시 만났던 사연

햇살 눈부신 하늘 아래
끝없이 아찔한 물빛에 빠져
풍덩풍덩 바닷속 뛰어들어도
온몸 솟구쳐 다시 만났던 시절

무거운 발길 버거워
빗방울로 눈송이로 산화해도
너른 들 흥겨워 손 풀고 유랑해도
매서운 바람에 두 눈 감고 흩어져도
다시 만나 밀고 당기며
하늘을 수놓았던 인연

우리의 해후는 언제쯤일까
지긋이 허공을 응시하는 가슴에
사르르 떨림이 실린다

그리움의 형벌

잊을 수 있었으면 잊었을까
그리움의 닻이 내려진
항구의 밤은 싸늘하다

밀물과 썰물의 교차에
수많은 기억 휩쓸려가도
상실의 통증, 구름처럼 피어오른다

좁혀지지 않는 간극
당황스러운 흔들림 안에서
돌아설 수 없음은 볼모였다

설마의 우려 속에 애초 모습인 양
영어(囹圄)의 심신으로 묶여
형상화한 그리움

오가기를 반복하는 세월이
바람에 지치고 나서야
벗어날 수 있는 수인(囚人)이 되어

구름에 밀린 달
창백한 낯빛 어둠 속에 감추니
적막을 베고 누워 눈꺼풀을 내린다

낚시

너에게 전할 말
바늘에 끼어
수면 아래 깊숙이 늘어트린다

아무리 기다려도
입질 삼킨 빈 고요뿐

꿈쩍도 않는 너에게
애초에
전할 말 있었을까

어쩌면 미끼를 물때나
물지 않을 때에도
침묵하던 찌가 옳았는지 모른다

낚이는 것은
늘 나의 시간이었고
나의 마음이었던 것을

가슴에 남은 비릿한 한숨
다시 끼워 던지니
달빛 찌가 나직이 웃는다

파도

물거품만 남아도
멈출 수 없는 갈망이 있다

거부할 수 없는 유혹
파문(波紋)으로 답하며
깨지고 또 깨져도
내달릴 수밖에 없는 천성

잔물결 위로 포개지는 밀어
찰랑이는 고갯짓 조심스러워
숨죽이던 파란(波瀾)
칠흑 속 바람 쫓아 격정을 탄다

걷잡을 수 없이 억센 물결에 몸을 맡기고
후련히 춤추는 파도가 되리
차가운 꾸지람 앞세운 당부 뱉어내며
돌아보지 않을 포말이 되리

철썩철썩!
불면의 밤 향해 치닫다
끝내 부서지는 심장이 되리

날개옷

달빛이 시린 날엔
날개옷을 짓는다
보이지 않는 공간을 날아
그대 시간 안으로 들어가는 옷

인연 깁는 손길은 더디기만 해
숱한 밤과 낮을 맞아도
그대와의 거리는 알 수 없다

흩날리는 웃음소리
희미한 흐느낌
가느다란 기다림의 끈
모두 당겨 엮고 또 엮건만

날개옷을 깁지 못한
새벽은 다가오고
흰 기운 속으로 스러지는 달

여전히 다가갈 수 없는
곁, 하나 있어
다시 간격을 헤아려본다

너의 곁, 너의 순간에

너의 창에 새날이 찾아오면
햇살처럼 그곳에 있을 것이다

오랜 기다림 속 한 방울의 눈물
빛살 닿는 곳 이슬로 떨구고
허공으로 사라지는 떨림 안
혈점으로 머물 것이다

낡은 침묵 흔들고
빛이 주는 위로 뿌리며
어둠이 몰려오기까지
온전히 너의 곁을 지킬 것이다

가슴에서 희미해진 조각
나지막이 흩어지는 향기 모아
자박자박 밀려오는 노을
함께 맞을 것이다

뜨거운 숨결
다시 하루를 여는
그 순간 기억할 것이다

침묵 속의 빛

칠흑 같은 암담함 네게 맡기고
네온사인의 유혹 탐하던 날 있었지
대낮보다 휘황한 빛에 취해
생각과 까닭 묻고 좌절과 번민 잊으려
널 외면한 시간 있었지

허황한 순간 메마른 영혼 흔드니
헛헛함에 한 움큼의 갈등을 게우고
캄캄한 절망 속 비틀거리며 널 찾는다

비릿한 포말과 함께 푸른 눈으로 마중하는 너
침묵을 둘러친 가슴에
살포시 빛 하나 꺼내 달고
어서 오라 길을 내준다

상실감에 안겨지는 인식의 숨결

파랑(波浪) 위 물결치던 두려움
어둠 속으로 가만히 흩어지고
달무리 진 밤하늘 고요히 웃는다
한 가닥 빛으로 너도 따라 웃는다

나, 구름이려나

그대 바람이라면
나, 그대 따라 흐르는
구름이려나

거스를 수 없는 이끌림
모였다 흩어졌다
마음 설레 따라나서

가도 가도 알 수 없는
아찔한 길
흔들리며 쫓아다니다

문득 멈춰
지친 눈물 떨구는
구름이려나

쌓이고 쌓인 가슴속 얘기
한여름 무더위에
소나기로 시원하게 퍼붓고
다시 그대 따라나서는

나, 구름이려나

프리즘

세상엔 다 보이고 싶지 않아
꽁꽁 숨겨 감추는 게 있어
차곡히 잘 정리되어
물샐 틈 없는 성벽 드나드는 개미에겐
구석진 한 귀퉁이 작은 구멍
그게 위안이지

속속들이 풀어 헤쳐져
보듬어 간직하던 빛깔
모조리 형체로 만들면 어떡해

색색의 마음
찬란한 빛살에 승복한 채
일일이 열거하면 말이야

보이지 않던 가슴속 얘기
심장의 파장 통해
하나하나 드러나는 날
너, 책임질 수 있어?

선유도* 연가

공무도하(公無渡河)*
공경도하(公竟渡河)

구름다리 저 너머
기다리던 시간 있을까
봉긋한 아련함에
한 발짝 내딛는 설렘

어둠에 말린 고요
토닥이는 달빛에 흩어지며
숨결 잔잔히 뒤덮인
선유도 가는 길

다리 난간에 새겨진 기억
바람에 닳고 무뎌져도
저 끝에 다다르면 살아날까

손에 잡힐지
알 수 없는 순간들
달물결* 사이로 일렁거린다

타하이사(墮河而死)*
당내공하(當奈公何)

여옥(麗玉)*의 노래
강바람의 숨결 되어
인연을 이야기하는 곳

추억을 담으러 가는
선유도 길
한없이 고즈넉하다

*선유도 : 한강의 섬으로 여의도 부근에 있다. 공무도하가의 무대이다.
*공무도하(公無渡河) 공경도하(公竟渡河) 타하이사(墮河而死) 당내공하(當奈公何) : 한국 시가 사상 가장 오래된 곡으로 여옥이 지은 노래.
*달물결 : 달빛이나 달그림자가 비치는 물결.
*여옥 : 고조선 시대 뱃사공 곽리자고의 아내로 공무도하가를 지음.

마지막 찻잔

손끝의 찻잔 살며시 흔들리고
잔에 담긴 시간 소용돌이친다
쓰디쓴 마음 한 모금, 소태다
향내 나는 쌉싸름한 맛, 그 맛에 반했었는데…

싸늘한 조명 아래
모락모락 찻잔이 피워내는 공허 속
씁쓸한 기억 허공을 메우고
펄펄 끓던 인연 차디차게 식은 후
미지근한 커피엔 향이 사라졌다

탁자 위 긴 침묵 가라앉고
찻잔 속 미동도 숨을 죽인다
냉랭한 잔 서둘러 비우면
차디찬 인연 놓일까

마지막 한 모금
수없이 찻잔을 마주해도
마실 수 없는 너의 마음
얼룩으로 남기고 일어설까

건널 수 없는 시간의 강
어둠 속을 흐르고 있다

제3부

달빛 눈망울의 위로

꽃길

꽃봉오리가 잠시 멈춘 고요의 그 순간
우리의 인연은 어디선가
엇갈림 속에 맺어지고

꽃봉오리 벅차오르게 터지는 그 순간
우리의 인연은 사무치도록
타오를 운명이었던 거야

나 자신도 놓치고 싶도록
찬란하던 환희 아래
그 무엇과의 동행을 마다하리

운명을 품었던 꽃잎이 한 잎 두 잎
아름답고 곱게 떨어지는 날
우리도 저리 피고 질까

바람에 옷깃 스치고
세상 구름 다 품고 나면
저 꽃잎처럼 가벼이 질 수 있을까

꽃길 내어주는 꽃잎들의 마지막 인사
우리가 걸어갈 꽃길이 되어
이렇게 펼쳐지는구나

나의 하루는 너의 하루가 되어

고요히 보낸 하루 담담히 풀어내며
삶의 형상 이끌어내는 시간
오늘 하루, 온전한 나의 하루였나

마음 한편에 늘 자리하는 존재
꿈틀거리며 살아나
기나긴 꿈 되새기고
여울진 마음 펼쳐
심상(心像) 마주하는 순간

수채화의 청량함
유화의 따스함
함께 겹쳐진 심성 느끼며
빛살에 흔들림 없이
어둠에 머뭇거림 없이
이 길 함께 걸을 수 있음은

나의 하루는 너의 하루
너의 하루는 나의 하루임을
믿어 의심치 않기 때문이지

위로

한 잔 속에 텁텁한 시간 비워내고
또 한 잔 속에 위안이 채워지면
빙 둘러앉은 이들의 서성이는 손끝
파르르 옅은 떨림이 인다

잔 속의 액체들 침묵 뱉어내며
거친 숨결 요동치듯 깨워놓으니
수상스러운 취기
주체 못 할 용기로, 끝 모를 좌절로
종잡지 못하게 사람들을 희롱하고

창끝에 걸린 조각달
지체하는 시간 베어 물고
희뿌연 하품 토해낸다

두런대던 소음이 사그라지며
절망의 껍데기, 공허에 뜯겨나가는 적막 속에
후미진 막다른 골목 끝
휘청거린 그림자에 맡긴 위로
털어 마신 갈증 게워내느라 허덕이면
달빛은
제 일인 양 토닥이고 있다

행간의 만남

오늘 하루 어찌 지내느냐
안부를 물어오는 글의 행간에
말갛게 그댈 놓아봅니다

가만히 그댈 떠올리며
궁금을 마주하는 어스름 녘

서서히 지어지는 웃음 속
여실히 다가오는 부재의 공간
모든 걸 함께할 수 없는 헛헛함

생각해보니
만남은 크나큰 선물인 것을
만나고 보냄은 이번 생의 운명인 것을

빛살에 발그레 피어난 하루
수많은 생명 피고 지고
달무리 진 하늘빛에 익어가며
잔잔히 연의 매듭 엮고 있습니다

그루터기

초록의 꿈이 다하여
그루터기로 돌아온 몸
그 속에 암호가 있어요

우거진 숲이 옹호하며
봉인된 비밀들
쩍 갈라 풀어내지요

겹겹으로 둘러쳐진
세월의 고리 안으로
서서히 암호가 맞춰지니
의문부호 같던 비밀
하나, 둘, 숨 쉬며 깨어나지요

햇살이 간지럽게 손짓하며
유혹하다 지나간 자리

숲의 전설을 노래하는
녹음 우거진 시간의 그림자

침묵의 바람과 심심한 구름의
소란스러운 조우

별들의 궤도에 닿지 못해 꺾인
찌르레기의 애틋한 연가

냉랭하게 눈 덮인 산등성을
교교히 훑고 가는
서늘한 달빛의 눈망울까지

그루터기의 암호에 풀린
오래 봉인된 숲의 비밀
은하수 흐르는 상서로운 길로
무리 지어 떠나갑니다

비상

푸른 하늘 이고
녹음이 손짓한다

홀가분한 품속에 허공이 춤추면
언제고 오르고야 말겠다던
벼랑 끝은 하강을 위한 제단

가슴 저린 이야기
심장을 쥐어 잡고 매달린 채
명치 끝 압박해 오던 지난날

흐르는 숲의 시간 지긋이 반겨주니
거칠게 몰아치던 씁쓸한 사연들
스르르 흩어지며
눈앞은 숨결 고르는 시공간

불현듯 잊었던 날개 생각
비상의 길로 들어선다
긴 바람 품어주는 길
아득한 어제가 발아래 있다

염원

흙빛 세상 푸르게 열리면
설흘산 누운 미륵
설렘으로 일어설까

거칠게 치대는 바다 뒤로하고
산비탈 오르는 가슴
열망으로 꿈틀거린다

탁탁탁 팍팍
쉼 없는 호미질 괭이질 소리
돌멩인 두둑 따라 가려지고
흙덩인 미륵의 살 되어 흩어진다

변변히 펴본 적 없는 굽은 허리 모여
이어졌다 끊어졌다
들쭉날쭉 두렁을 엮어가고
흙물 밴 손에 어둠이 들면
골짝 논배미 한 뼘씩 넓어지니

차곡차곡 108층 사연 앞
다랑논에 담긴
땡볕 한낮, 길지만은 않다

등대의 하루

칠흑 같은 암담함 속에
의지할 그 무엇이 있음
외롭지 않은 거야

길을 나선 너에게
지켜준다는 약속 있어
깜박임마저 미뤘지

현란한 유혹의 빛
사방에 널렸어도
침묵 속에 널 지키는 건
소박한 나의 심장

캄캄한 세상 향해
은빛 조각 외로이 흔들면
달무리 따르던 그림자 한 떼
화답으로 고개를 끄덕이더라고

하루의 갈무리 급하게 마친
노을은 모를 거야
한밤을 깨어 누군가를 지키는 비릿한 마음
얼마나 설레는지

너에게 가는 길

물결치던 번민의 파장 가파르게 조여오는 시각
밤 그림자의 고요, 어둠으로 사윌 막막함에
눈길조차 주지 않는다

위로받지 못한 영혼이 다다를 곳
큰 빛으로 사방 일깨울 그곳
하얗게 타버린 석양의 울부짖으며 꿈틀거리는
오름의 꿈, 두 손 모아 주는 곳

무진의 밤바다 속
심연의 외로움에 단련된 너
거친 밤바다의 숨결 헤치며 너에게 가고 있다

울렁이는 가슴이 뱉어놓은 비릿한 포말
성글게 엮이어 삐져나온 망연함 되새김질하며
고장 난 나침반에 좌초된
향방 잃은 좌표 추스르러 가고 있다

억겁의 세월 동안
몸부림치는 회한의 바다 잠재운
두려움 없이 의연한 자태
명징한 모습으로 새벽 열
독도, 너에게 지금 가고 있다

뿌리의 이야기

머리에 인 무게만큼
어둠 속 미로 질주하며
안으로 안으로
삶의 내음 잉태하는 곳

그림자 짙어진 시간에
차곡히 모인 땀방울
초록으로 흘러 다다르니
첫 새벽의 기운으로 움튼
웅크린 사지, 기지개를 켠다

등 굽은 한숨 읽었을까
가슴속 염원에 귀 기울여
접었던 옷깃 펼쳐놓으니
가없는 이야기 시작되고

이렇게 얽히고설키면
태풍인들 두려울까
가뭄인들 두려울까

만남은 돌고 돌아
기다림으로 이어지는 법
태곳적 연, 얼기설기 엮어
굽이굽이 산비탈에 풀어놓는다

제4부

크레바스에 쌓인 이야기

세월

면도날에 베인 가슴
꽃씨 떨군 뜨락 만나
담담히 꽃을 피웠다

계절 꽃 오고 가는 비밀의 문
정중히 마중하는 눈

먼지 먹은 빛이 굴절되어
허공 사이로 비껴간 오후가
일몰 속에 묻히며
파르르 숨 고르는 시간

관대하게 주어진 하루는
서서히 저물며
겸손한 만끽을 일깨우고 있다

숙명처럼 남겨진 상흔
시공간 보듬으며 아울러
밤하늘 침묵으로 자리 잡으니

초점 흐려지는 두 눈 사이로
어둠 속 강렬한 섬광 하나
찰나에 스러지고 있다

어머니

초록 새순 뙤약볕 견뎌내며 녹음 이루다
메마른 가슴으로 떨궈지는 계절
어머니 당신의 얼굴입니다

꽃이 무지개로 옮아가며 내어준 길
버선코의 달뜬 심정으로 건너
절벽 같은 시간 앞에 마주 선 주름
어머니 당신의 기다림입니다

면도날에 베인 상처 꽃씨로 떨군 뜨락에
찬 서리 몰아쳐 나뒹구는 조바심
어머니 당신의 눈물입니다

밤마다 상심의 바다 뒤척이며
새로운 아침 준비하는 침묵
어머니 당신의 사랑입니다

밭은 숨 사이에 두고 시린 등 돌아누움은
무너질 듯 위태로운 숨결 붙잡고픈
당신 거울의 안타까움입니다

크레바스*

아찔하게 내려다보이는
저 바닥의 끝은 어딜까

고요와 침묵 속
하얀 비명 새어 나오고
아슬아슬한 줄 하나
졸아든 심장 끝에 매달려 흔들리고 있다

억겁의 시간이 쌓여
퇴적으로 무장한 수직의 블랙홀

쩍쩍 갈라져 벌어진 틈새엔
절망의 선혈만이 낭자한데

균열은 균열을 몰고 와
깊이와 넓이를 더 하고

푸르른 냉기 아래
얼음장같이 차디찬 마음
흐르다 멈추길 반복하는
메울 수 없이 골 깊은 아픔이 있다

건널 수 없는 크레바스 한가운데
시린 가슴 묻고 돌아서는 날
빙장*의 싸늘한 눈망울
긴 세월의 애달픔, 빛살로 깁고 있을까

*크레바스 : 빙하나 눈 골짜기에 형성된 깊은 균열.
*빙장 : 크레바스 아래 눈이 압축되어 굳어진 바닥.

생의 한가운데

삶의 범속성에 지쳐 고개 드니
내 나이가 그럴까
목적 없는 배는 항해를 멈추고
길 잃은 새는 날갯짓을 접는다

끝없는 길, 끝없는 사랑도
그 끝이 가늠되는 시점
더는 무엇을 잡고 있어야 할까

잠시 숨 고를 시간이 허락되고
긴 시간의 절벽 앞에 서
가늘고 희미한 길을 바라본다

숨이 가빠오고 통증이 몰려온다

이제껏 걸어온 길이
뱀이 벗어놓은 허물처럼
쇠락하여 펼쳐져 있다

황량한 산들은
더 이상 푸름을 경계하고
모든 생명의 발들임마저 거부한다

주저할 수 없는 길
이정표 없는 길 위가
달갑지만은 않다

오직 나의 가슴과 두 발만이
길잡이 샛별이었음을

의뭉스러운 저 달은 말이 없고

그래도 중단할 수 없는 길
걸음을 멈추는 순간엔
모든 환희와 절망이 멈추겠지
숨조차 멈춰 종국엔 박제가 되겠지

그 길이 어디를 향하는지
어느 경로로 가게 되는지
매 순간이 선택의 기로라 하여도

갈림길 마디마디가 모여
비로소 나의 길이 되고
그 끝에 내가 있을 것이다
네가 기다리고 있을 것이다

빛바랜 이야기

빛바랜 시간 속의 순간들
촉수 낮은 낡은 전구의 깜박임처럼
희미하게 머릿속을 넘나든다

온 동네 소리가 골목으로
모였다 흩어졌다 하며
어느 집 할 것 없이
삶의 풍속들이 낱낱이 까발려지던 시절
모두가 민낯으로 부대끼며 위로하며
살아온 시간이었다

겨울이면 더욱 혹독했던 골목
광마다 채운 연탄이
화단 한편에 묻어놓은 김장이
유일한 버팀목이던 시절

삶은 참고 견디는 것이며
시간은 곧 희망이라 여기던 시절의
어렴풋한 기억이 때때로 아리다

더 많은 시간이 지나면
머릿속에서 마음속에서
영영 잊힐 이야기
벌써 빛바랜 추억이다

낙화

꽃잎 지는 이유를
누가 헤아리랴

붉은 울음 머금고
송이송이 떨어져

지나간 옛이야기에
몸을 뉜다

바람은 엎드린 채
숨을 삼키고

눈부셨던 한때를
기억해주나

피고 지는
세월의 약속 앞에

사랑이 지고 있다
목숨이 지고 있다

시간 저금통

안산 자락 휘돌아 돌아오는
자락길 한 편
시간 저금통이 있다

싸늘한 바람결에 제 몸 맡긴 가을꽃들
우수수 쏟아짐을 기억할 골짜기
양지바른 봉수대에 아지랑이 피어오를 때
함께 일렁일 새로운 숨결

다하지 못한 인연의 끈 서럽다
각혈하듯 토해내는 꽃무릇의 울음
스산한 진눈깨비 속
한 발짝씩 멀어져간 계절의 뒷모습

불현듯 달려와 꺼내 볼 수 있게
제 몸 내주는 시간 저금통

푸른 잎 하나둘 긁어모아
마르지 않게 맡기고 내려오는 길
그림자 시간, 그곳에 머물렀다

백 년의 약속

천형의 시간이 지나야
감사를 담을 수 있는 몸

아무리 발버둥 쳐도
독한 갑옷은 말이 없고
침묵의 인고, 기다림의 눈물
연지(蓮池)를 채웠다

바람이 일고 세월이 가고
잊은 듯 묻혔던 상서로운 이야기에
하늘의 문 열리는 날

그윽한 햇살, 연당(蓮塘)의 고요 뚫고
서기(瑞氣)를 불러일으켰다

미동을 틔우고
삐죽이 숨 여는 보랏빛 열망
기어이 벗어낸 가시 옷

희귀하다 멸종 위기다
백 년의 약속 앞에 스러지고
또다시 채워지는 가시연꽃의 속살
마침내 빛살에 찬란하다

붉은 이야기

은밀한 밀실 속
붉어지길 기다리는 이야기
숨결 고르며 꿈틀거린다

꽃잎 어지러이 날리는 시절
궁금한 세상
설레어 마실 나온 송홧가루

시리도록 푸른 하늘에
덜 여문 가슴
말갛게 물들이던 고추

낮과 밤 지루한 장마에도
재울 수 없는
논배미의 향긋한 기다림

냉랭한 어둠 속 한기
달빛 아래 끌어안고
속살 다독이는 밭 자락

재잘재잘 차곡히 쌓인 이야기
뭉근히 다독이는 항아리 속엔
세월이 풀어내는 속내
빨갛게 익어가고 있다

허공에 기대어

흙 한 줌 뵈지 않는 척박한 곳
층층 바위 절벽 가운데
홀로 싹 틔운 초록 눈 하나

의연하다 고고하다 먼데 소리
낭떠러지 아래 뒤덮여도
깎아지른 듯 가파른 벼랑 위
목마름에 푸르러야 하는 생

비탈진 허공에 기댄 하루
조급함 없이 달가움은
벼랑골 깊이로는 헤아릴 수 없는
숙연한 시간에의 약속

사계절 옭아맨 목숨줄에
험한 비탈 속 하나의 생
삶의 무게 사뿐히 이고
묵묵히 푸른 길을 걷는다

흔적

그것은 잊었던 기억
하얗게 말라버린 전설
존재함이 막연한 이야기

똬리에 똬리를 틀고
먼지에 먼지를 입힌
허상 같은 형상

눈에서 눈으로 전해지고
허공에서 허공으로 전해진
바람과도 같은 형체

티끌처럼 떠다니던 잔상
빛살의 두드림에 일렁이면
딱정이로 굳어버린 시간
꿈틀거리며 미동한다

흐릿한 자취 다잡아 흔드니
다시 깨어나는 숨결

그것은 남겨진 기억
떠나지 못한 망각
숨 쉬는 순간, 찰나가 된다

제5부

구겨진 날개를 펴며

망각의 꽃

이름 없는 꽃 한 송이
이름을 기억할 수 없어
이름 없는 꽃!

누구도 알아주길 원치 않아
홀로 피고 홀로 지는 꽃!

낡아감을 양분 삼아 서서히 꽃망울 터트리니
허기 같은 근심, 갈증 같은 치욕
토막토막 뭉텅뭉텅 가늠 없이 지워진다

벅차게 조여 오는 가슴 시린 편린들
하나둘 잊히고 지나가
감정의 볼모, 세속의 수렁에 휘말려도
활짝 핀 망각의 기운에 소리 없이 뒤덮이는 아픔들

어둑한 산 그림자 내려앉듯
다가오는 잊힘의 평화는
한 생애에 주어진 공허의 유산인가

우리 삶을 축복하듯
망각의 꽃은 침묵 안으로
정화를 서두른다

꼭두각시

왁자지껄한 장이 파하고
장터에 익숙한 소음이 지워지면

온종일 지탱하던 몸줄 내리고
가눌 수 없는 몸으로 돌아와
소란스러움 벗는 꼭두각시

숙명처럼 마주한 공허와
밤새도록 지나온 이야기 곱씹어도
쉽게 오지 않는 새벽빛

빈 벽의 허망한 웃음 앞에
낡아 무뎌진 속내 묻으려
여운 삼킨 꼭두각시

비릿한 여명 희멀겋게 기다리다
스르륵 마른 미간 풀어 내린다

도심의 달

인간이 만든
빛의 세계에 점령당한
대도시 밤하늘에도
달은 떠오르지요

삽시간에 어둠 깔리며
사방의 적막에 익숙하던 달
소란에 찬 도심의 밤을
흔들림 없이 쪼이고 있어요

제 자리에 있어야 할 별 무리
휘황한 빛들의 광기에 놀라
밤하늘 등져 달아나도

창백한 얼굴 내밀고
빛살 길게 늘어뜨려
그늘진 곳 비집어요

점점 굳어가는 어둠 속
지친 사람들의 꺾인 마음
위안의 빛으로 어루만져요

상심으로 채워진 가슴 속의
상처받은 영혼 한 점
치유의 빛으로 다독이며

자정 넘겨 희미한 골목길
풀린 발 휘청거리며 내딛는
어느 취객의 빈 주머니 속에도
용기의 빛 채워요

아침 기다리다 제빛 사위어
이지러진 작은 조각달로 몰락해도

채움의 인고 견디는
도심의 달
오늘 밤 다시 떠오르지요

얼굴 찾기

내 얼굴, 네 얼굴
그 얼굴 어디 가고
빈 얼굴만 남았을까

출근길에 잃어버린 콧날
부장에게 맡긴 두 눈
고객에게 빌려준 입안
점심 중에 놓친 귓속

퇴근길에 두루 찾아
형광등 불빛 아래 끼워보는 밤

내 얼굴 맞는지
네 얼굴 맞는지
퍼즐 꿰듯 맞춰보는 잠자리

목 놓아 울어대는 자명종
미명(微明)의 시각 흔들면
새로 단장한 얼굴들
발걸음 모아 하루를 걷는다

바람에 기대어

허공 한 줌 잡으며 바람에 기대어 있었지
땅거미 꿈틀거리고 어둑어둑한 사방 몰려와도
선 하나, 침묵으로 있었던 거야

짙은 어둠결 일렁이고
적막한 그림자 밀려오니
폐부 깊숙이 떨궈진 혈점
선명하게 도드라졌지

버티고 견디려 어르고 달래
빛바랜 시간 더미 속으로 흩날린
쓰디쓴 파편들

사실 다독여줄 그 무엇이
절실했던 건지도 모르지
그 자리에 아무것도 보이지 않았건만

바람의 타이름 들으며
바람에 기대어
아침을 기다리고 있었지

외출

애초에 없었을 거란 생각에 움찔거리다
잊었던 기억 머뭇거리며
조심스레 더듬어본다
저 선만 넘으면 잡힐 한 움큼의 홀가분

푸른 품에 안겨드는 날
가슴속 켜켜이 들어앉은 구름
하얗게 피어나겠지

산다는 것은 어쩌면
날마다
구겨진 날개를 펴는 것
부러지고 찢긴 날갯죽지 부여잡고
희뿌연 발아래 돋음 삼아
치솟아 오르는 일

일그러진 숨 그러모아
꺾이고 상처 난 그림자 보듬었으니
자, 이제
새로운 외출을 시작해볼까

산야초

차라리 이름 없는 풀이라 하자
누구의 눈길에도 구애받지 않는
자유 영혼이라 하자

달갑지만은 않은 관여
잡아끌지 않는 한
여린 삶은 자유로우니

햇살과 비, 갈바람 속
순수의 시간 영글어 간다

숱한 눈길 외면해도
아쉬움 무엇이랴
하루 빛살, 한 철 바람
기꺼이 즐기면 그뿐

제 안에 다음 생, 오롯이
잉태하면 그뿐이지

천기에 눕고 이슬에 젖다
수많은 발걸음 지난 후
작은 목숨
우주를 담으면 그뿐이지

벼랑 끝 독백

오늘도 벼랑 끝에 섰다

눈 위론 끝없는 청해(靑海)
손만 뻗으면 유영할 듯한데
구름 파도가 물결치며 막아선다

발아랜 아득한 세상
신만 벗으면 뛰어들 텐데
벼랑골 바람이 허락칠 않고

계절이 돌고 돌아도
옴짝달싹할 수 없는 몸
팍팍한 일상, 단비는 있을까

절실한 한 모금의 물
위안이 될 한 줌의 빛살
안도할 한 뼘의 공간
어느 하나 쉽게 주어지지 않는 생

한 자락의 마음 실어
풍경처럼 제 자리 배회하곤
다시금 허공, 그 자리

생애 처음이자 마지막일
긴 여행 떠나기 전
하늘을 날고 땅 디딜 일
있을까 싶은 삶이어도

생각을 모아 하루를 버틴 목숨
내일 다시 벼랑 위에 서는 일
주저하지 않겠다

꿈

숙명일까
찬란했던 한순간
우르르 내려앉는다

꿈같이 주어진 시간
현기증 나는 햇살 아래
기꺼이 쏟아놓고

마지막을 알리는
하강의 춤사위 따라
뽀얀 숨결들
처절하게 떨궈지는 오후

미치도록 아름다운 찰나
선명히 널브러진 어느 목숨
석양 모퉁이에 나뒹굴면
하루는 또 다른 꿈으로 분주하다

제6부

봄날의 하루는 시가 되어

처음-달력을 바꾸며

모든 것은
처음에서 시작한다

어둡고 스산한 그믐달 아래
햇살 기다리는 씨앗 한 톨
첫 숨결에서 초록은 시작한다

처음이 무성하며
또 다른 새로움을 품고
흔들림 속 지움의 기억

설렘 저편의 까만 숫자들
돌돌 말리며 사라져가는 벽에
하얗게 도색된 달력이 걸리고

경계를 가른 시간
가느다란 흔적으로
사그라지더라도

출발!
신호에 맞춰
처음, 새로운 싹을 틔운다

봄날의 하루는 시가 되어

어쩌다 가끔
시가 되는 날이 있다

오늘처럼 봄비가
톡 톡 톡 가슴에 내리는 날은
충분히 시가 되지 않는가

꽃멍 져 얼룩진 아픔
봉긋한 셀렘으로 터트리려
마음 두드리는 봄비

창백한 눈빛
어둠 속에 흔들리고
희끄무레한 미련 사방 채우는 시간

시처럼 꽃피우고
시처럼 이별하여
바싹 마른 세월 기다리는
박제된 삶이 서러워도

봄비 내리는 하루는
고적한 시가 되어
떨림 잊은 가슴, 꽃물로 적신다

목련

연한 크림색의 치맛자락 한 폭
사르르 떨림이 신호였다

지루한 기다림을 묻었던 품에
머금은 냉기

그리움으로 남은
잔설의 눈물이 지워지자
얼룩진 자리에 숨이 돋았다

켜켜이 먼지 먹은 햇살
까맣게 잊고 있던
골목 안 뜨락을 기억해 내고

그림자 옅어지며
어둠을 갉아먹던 사방이
빛살에 승복해 갔다

찬 서리 밟고 움츠리다
박제처럼 메마른 생살
거친 결별로 떨군 나목

진득하게 침잠한 세월
봄볕의 소란에
거침없이 풀어내니

비단 치맛자락의 춤사위
구름처럼 피어나
눈부시게 세상을 휘감는다

고목의 서설

윤기 잃은 가슴에
천기(天氣)가 도니
목마른 세월에 흐르는 물기

온몸 뒤틀리고 갈라진
모진 생
절박함도 깊었을까

오랜 기다림에 지친
헛헛한 가슴에
연록빛 짙은 숨결 틔운다

아직 목숨 남아 있다고
쩍! 쩍!
하늘을 가르며 울리는 외침

지난 이야기 응축하여
짙은 향기로 뱉어놓고
거센 바람 타고 흔들리며
한 계절 다시 맞고 있다

양귀비꽃

고혹적인 갈망
선홍색 피로 뿌려져
온 들에 펄떡이는 꽃

황홀한 치마 속
가두어 버린 이성
이 계절 다하면 깨어날까

나른한 꿈속에
꿈으로 남을 수 있다면

그대 핏빛 심장으로
나, 걸어 들어갈 텐데

중년의 밭

비가 감성을 깨우고 간 후
화창한 마음에 너울대는
여릿하고 달뜬 심정

순백의 가슴속에
구름 부르고 바람 골라
어여쁜 밭 일궈야지

청명한 하늘 엮어
새싹들 꿈 틔울 이랑 올리고
두둑한 이랑 사이로
말간 햇빛과 처연한 달빛 끌어와
서정 흐를 고랑 내야지

밤하늘 가득 채운 별 무리
꿈꾸는 밭이 숨쉬기 전
밑거름으로 총총 놓아주면 어떨까

새 생명 갈구하는 언어들
한 움큼씩 밭이랑에 뿌려지면
오손도손 앳된 얼굴 빼꼼히 내밀 테고

설 여문 씨앗이 틔운 싹일랑
보듬어 돋워주며 잡념 솎아주면
하늘하늘 줄기 뻗어 우거지겠지

꽃망울 터트리는 환희 지나
시어(詩語)들 알알이 영글 때쯤
푸석하던 마음의 밭
시향(詩香)으로 그윽해졌으면….

4월의 아우성

냉기 밀어낸 햇살 아래
그것은 아우성이었다

무더기로 제 몸 던져
찬란한 기억 남기려는
절정의 아우성

목숨의 심지 태워
또 다른 생 얻으려는
몸부림의 아우성

더는 잡을 수 없어
목숨의 끈 허망히 놓친
고단의 아우성

하얀 선혈
낭자하게 흩뿌린
헌화의 아우성

꽃송이 휘황히
불꽃처럼 터트리는
환희의 아우성

마지막 뽀얀 숨결
바람에 내맡긴
순응의 아우성

햇살에 두 눈 감고
여한 없이 사위어가는
삶의 아우성

아우성들의 아우성
소리 없는 아우성 속에
4월이 오고 4월이 간다

청혼

노래 불러주고
노래 들어주고

웃음 주고
웃음 받고

손깍지 끼고
풀꽃들의 얘기 듣고
해 질 녘의 푸른 숲길
깊음에도 빠져 보고

그리고 곰곰 생각해 보니
이 청아한 하늘 아래
둘 뿐인 우리

서걱거리는 마음 누르고
짐짓 무심한 듯 내뱉는
한 마디!

너,
내 서방 해줄래?

꽃신

동백꽃보다 붉은 마음
고운 꽃잎으로 수 놓인
꽃신으로 지어졌을까

성근 능라 비단 치마 속
언뜻언뜻 보이는 어여쁜 꽃신
두근두근 설레는 맘이지

살포시 들린 치맛자락 아래
오뚝 솟은 심정
차마 다 드러낼 수 없어
비쳤다 숨겼다 하는 거지

날렵히 솟아오른 신코
한 발짝 뗄 때마다
수줍게 솟구쳐 오르는 떨림

꽃비 내린 봄날의 끝자락
꽃잎들로 부산한 꽃길 걸으며
그대에게 갈까, 꽃신 신고

개망초꽃

우리 산야 어디든
망설이지 않고 피는 꽃

나라 잃은 설움
네게 퍼부었구나

이른 봄 삐죽삐죽 촉 틔워
긍휼한 입 보태주고
황량한 땅 덮어주었건만

그 누구에게
입 거리
걸칠 거리
꽃 한 송이 제대로
되어보지 못한 존재들

개망초라
나라 망할 징조라
하찮은 웃음거리 만들어도

우리 산야 사랑한 죄
오늘도 구름 이고
해시시 웃음으로 풀고 있구나

새순의 서정

겨우내 앙상하게 묵은 가슴
따사로운 햇살의 품에 안겨
버석버석 말라붙은 껍질 벗었다

사르르 보드라운 바람
연신 전할 말 있다 속살거리니
귓전에 살아나는 달큰한 갈망

찬기가 뱉어내는 남은 추위
보송보송 솜털로 감싸
여린 생명 움텄다

옅은 숨결 끝에 매달린 우주
보드랍고 뭉클한 생명의 의지에
허허로운 세월 채워 궤도로 돌아가고

봄 여름 가을 겨울
한 몸에 담은 새순
푸르른 서정을 시작한다

나, 들꽃이려나

그대 햇살이라면
그대 흐르는 산자락 한 모퉁이
나직이 깔려 흔들리는
나, 들꽃이려나

풀 냄새 담은 향기
그대 품에 잔잔하게 흩뿌리다
홀로 씨앗 잉태하는
나, 들꽃이려나

풀잎의 가냘픈 몸
이슬로 촉촉함 담아
그대 갈증 축이고

그대 바라볼 수 있어
그대 사랑할 수 있어
작은 꽃망울로 노래하는

나, 들꽃이려나

제7부

청록 빛살에 익어가는 시간

여름 바닷길

푸른 바닷길 걷는다
옥빛 흔적 있을까
철썩이는 추억 딛고 걷는다

초록의 시간 맞이한다
짙푸른 나이의 연둣빛 소망
싱그럽게 엮인 기다림의 시간

출렁이는 코발트빛 파도
울렁이는 에메랄드빛 하루

검푸른 어둠결 굽이치던 갈등
새벽빛 일렁임에 잦아들고
넘실대는 세상사 멍든 마음
청록 빛살에 다독여지면

햇살 따라 파랑(波浪) 춤추고
먹먹한 파도, 안도에 물결치니
축제를 기다린 심장, 파랑으로 물든다

푸른 바닷길 걷는다
새하얀 기억 속 푸름 새기고
보랏빛 한 시절 여름을 걷는다

해바라기

새벽빛 어슴푸레 기미에
해바라기, 슬며시 고개 든다
밤새 그리던 임 온종일 볼 수 있는
오늘 하루 행복할까

기다리던 임 중천에 올랐건만
빈 허공 맴도는 무심한 눈빛
그 눈빛 마주하려
또다시 시작된 혼신의 눈 맞춤

아련한 마음 알 길 없는
임은 발걸음 재촉하고
다급해진 해바라기, 발돋움으로 고개 올려본다

임의 얼굴 따라가며 타들어 가는 아쉬움
노랗게 아름답던 웃음마저 시드는데
말라 가는 목숨 아랑곳없이
붉은 숨결 토해내며 서녘으로 떠나는 임

사리처럼 응집되는 고통
새까맣게
씨앗으로 영글어가고 있다

배반의 계절

긴 세월 하루 같이 기다려온 시간
드디어 세상이 열리고

맴맴 찌르르르
맴맴 매애앰멤

무더위에 아랑곳없이
애틋한 노래
온 사방에 알려야 하는 업(業)

숙명처럼 기다리던 계절
가혹한 시간은 기다려 주지 않고
다급한 마음에 악으로 울어봐도
한여름은 너무나 짧다

안락한 애벌레의 삶 벗어나
날개 달린 생 좇아왔건만
세상은 온통 배반의 시간

울음소리가 커질수록
성하(盛夏)는 곁을 떠날 채비하고
어스름 녘 뒤돌아보고 있다

장미

짙붉은 꽃잎
망설임 없이 꽃대 올라

아찔한 한낮의 햇살에
작열하듯 춤을 추면

지나던 바람
절정을 재촉하고

참을 수 없이 토해내는
달콤한 유혹

숨 막히듯 타오르는
핏빛의 몸짓

이 시절도 쏜살같이
지나가겠다

빈사(濱死)의 하루

모든 것이 멈춘 순간
염천(炎天)은 노란 웃음 기억하며
싱그런 시간이 점령한 존재들에
따가운 일침 쏟아낸다

불붙은 쇳덩이 이고 누운
고단한 아스팔트의
단내나는 한숨

심장을 점령당한 빈사의 사자인 양
빛살에 꽂힌 회색빛 몸뚱이의 아우성
도시의 절규는 잦아질 줄 모르고

미치듯 타들어 가던 노을
열에 들떠 풀린 눈 거두지 못한 채
어스름 부르는 허공을 배회하며
침묵으로 미적거려도

광염의 늪에서 허우적거리는
어느 여름날의 하루가
서서히 저물고 있다

열병

펄펄 끓는다
너의 사랑에 너의 열병에
덩달아 온 세상이 미친 듯 타오른다

흔들리던 바람 무기력하게 꼬릴 내리니
공기는 모로 누워 거친 숨 가삐 몰아쉬고
뙤약볕 아래 지친 꽃송이들
열꽃에 짓이겨져
두려움 베어 물고 떨어지며 울고 있다

열병에 화상 입은 세상
화끈거림 뱉어내느라
멈춘 듯 정지 속에 소란스러운 한낮

텅 비어가는 머릿속은
스멀스멀 생각의 흔적 지우고
살아 있던 감각들마저 날을 잃고 무디어 간다

작열하는 광기에 놀라
시간도 일순 흐름을 멈춘 듯
숨 막힌 정적 속에
이제 그만 너의 사랑이 두렵다

숙명

오늘도 이른 아침부터
타는 갈증이 시작됐다
폭염 속의 태양에겐
애초에 인정사정이 없다

숨 가빴던 열대야의 고단으로
채 추스르지 못한 몸이
다시 열기에 짓이겨진다

불타는 태양을
마주 보아야 하는 숙명
모질도록 질긴 침묵

아기 얼굴처럼 곱던
노란 꽃잎이 한 잎 두 잎
불볕더위에 시들고 오그라져
힘없이 너덜너덜 늘어지면

마지막 혼신으로 버티려
억세게 굵어진 몸뚱이
남아 있는 생명수 한 방울
쥐어짜듯 빨아들인다

더는 채울 수 없는 갈증 앞에
온몸이 새까맣게 멍들고 말라버려
바스러지기 시작하면
눈물겹도록 모아지는 삶의 편린들

고통의 사리로 응집되어
알알이 씨앗으로 여무니
해 바라기를 멈출 수 있을까

피고 지고 열매 맺어
하나의 숙명이 영글어가는
이 시간을 멈출 수 있을까

혼자 내리는 비

혼자 내리는 비는
가슴으로 맞아
가슴으로 흐른다

적막은 주변을 맴돌며
외로운 빗방울 수를 감지하고
쓸쓸하고 서늘한 기운
한여름의 심장
차디차게 얼어붙게 한다

망연한 얼굴 감싼 잿빛 하늘
먹구름 속으로 돌아앉으면
빛 가린 하루, 암울에 빠져들고

빗속에 촉촉히 나누던 밀어
오늘도 잊었는지
눅진한 공기만 감기고

후두둑후두둑
빗발이 거세질수록
또렷이 떠오르는 얼굴

비 그친 싱그런 기운
진하게 그려주던
그 눈과 입술은 어디에도 없다

숨 고르려
다시 올려다본 하늘
여전히 을씨년스런 낯빛으로
밭은 한숨 몰아쉬고

제 몸 숨기던 태양
서녘으로 발길 재촉하는 어스름 속

허공에 깔린 몹쓸 슬픔과
스스로 젖은 눈물
함께 따라나서고 있다

빈 거리에서

연일 숨 막히는 폭염
내일을 기약하며
모두 떠난 거리, 휑하다

누구를 기다리며
텅 빈 거리 바라보고 있을까

숨이 턱 턱 치받치는 거리엔
움직이는 형체 찾을 수 없고
거친 숨소리, 가쁜 심장
늘어진 팔다리만 남긴 채
씁쓸함 나뒹구는 자리

어슴푸레 생각 비집고
또렷이 떠오르는 기억 한 조각
한가득 웃음 짓던 모습

어디선가 툭 튀어나올 것 같은
그 모습, 폭서 가시면 다시 올까

올려다본 하늘엔
폭염으로 물든 석양
붉게 타들어 가고 있다

제8부

서늘한 손짓에 몸을 맡기고

가을의 전설

황금빛 빛살 머리에 이고
들녘의 풍경
아다지오로 노래한다

기다림의 미학은
지난 계절의 잔상 지우며
고백을 시작하고

잊은 적 없는 약속
가을의 그림자 되어
흔들림으로 존재를 알린다

낯선 시간 앞에서
한 계절은
갈바람의 등 토닥이고

갈대는
세월을 토렴하며
새로운 이야기 엮기 시작한다

타전

워- 워- 워-
제 할 일 마친 들녘에
갈색 주파수, 떨림을 준비한다

두 팔 안테나에 신호음 잡아가며
서둘러 전할 말 휘날리는 갈대
들판을 넘어 산등선 오르는 바람
춤추듯 나부끼며
한 가닥 촉수에 파동을 싣는다

워- 워- 워-
만추의 여백에 드리워진
숙연한 가을의 전언

가을처럼 찾아와
가을처럼 여물고
가을처럼 비우라

세월 실은 떨림판에 가을 한낮
무한히
무전을 때리고 있다

두근두근

후– 후–
벌써 여러 날
가쁜 숨을 헐떡이는 고목

빛살 나직이 퍼지는
어느 늦가을 오후
마지막 혼신을 모은다

긴 시간 숱하게 겪어오고
차곡차곡 준비했건만
제 몸 터는 일, 매 순간 버겁다

부르르 부르르
신호에 맞춰 우르르 쏟아지는
노란 살점들 그리고 희열

듬성듬성
아픔 몇 알 성글게 남기고야
나무는 숨을 가다듬는다

지난 세월이
푸른 하늘을 스크린 삼아
영사기를 돌리고

덕지덕지 더께 앉은 삶
채움과 떨굼은 매번 새로워
심장 뛰는 나목의 몸

한 알의 기적 기다리며
두근두근
기꺼이 혹독함 앞에 선다

걸음을 멈추니

걸음을 멈추니
길섶 들꽃의 흔들림 하나
가슴에 들어온다

물결치는 갈댓잎의 파장
잠시 머물던 인연 되새겨
지난 시절, 머뭇거리고

긴 바람 불어와 마음 깃 달래도
침묵 속으로 떠날 수 없는
서성임, 몸짓에 새겨진다

물안개 오른 새벽 강에
모질지 못한 시간 띄우며
가랑잎 아래 뒤척이던
열병 같은 추억, 다독이는 계절

긴 지루함에 잊혔던 상념
가을처럼 찾아와
가을처럼 채우고
가을처럼 떠나고 있다

도심의 가을

시간의 숨결 잔잔히 퍼지는 한낮
무표정한 회색빛 얼굴들 위로
부드러운 햇살 훑어 지나간 뒤
시멘트벽, 숨 쉬듯 기지개 켠다

찬연한 빛살 담은 오후의 손길
아스팔트 거리 살포시 어루만지니
잠시 번잡을 내려놓고
나른한 사색에 빠져드는 거리

아직은 한기 없는 바람
강 건넛마을의 이야기
속살거리며 퍼트리고
해득해득 달아난 저만치에

맑은 하늘의 공(空) 담은 강물
잔잔히 도심 휘돌며 세월 삼킨 심정
물결치며 뱉어내니 후련할까

헝클어진 마음에 똬리 틀었던 시간
눈물겹게 떨어지는 단풍잎 한 장에
파르르 흔들린 초침처럼 깨어나고
메마른 하루, 가을의 서정 속으로 들어간다

갈대

말갛게 눈부신 하늘 아래
만질 수 없는 마음
아련히 띄워놓고

가을빛 시리게 쏟아질수록
생각 곧추세워
지나온 여정 서성이는 그대

가녀리다 못해
스러질 것 같은 몸 대 속에도
꺾일 수 없는 거센 세월은 흘러

연약할 수밖에 없었던
지난 시절 되짚으며
일렁임 속 회한 삼키느라
늘 그 자리인 그대

흔들리며 산다는 것이
차라리 강한 삶일까

잊었던 그리움 하나
가을볕에 매달아
온 들녘 물결치는 그대

전송

만장처럼 나부끼는
갈꽃의 사열이 아리다

계절의 전송은
꽁꽁 싸매둔 가슴 풀어놓고
단조롭게 지나온 절벽의
흔들림을 마주하게 한다

갈잎 부비며
이별을 준비한 시간
알록달록 치장한 꽃상여의
긴 흐느낌 앞에 고개를 숙이고

덧없음과 슬픔이
농익은 웃음소리 되어
가득 날리는 하늘

떠나는 뒷모습
가슴 뭉클하게 남기고
잠시 머물던 인연인 듯
끝내 스쳐 지나고 있다

풍장(風葬)

떠나는 뒷모습도 아름답다
모두가 소망하듯

휘-익
서늘한 손짓에 몸을 맡기고
제 몸 가누었던 허공에 눈을 맞춘다
서서히 대지에 입맞춤으로 의식은
끝났다

산화,
그 분분(芬芬)한 아름다움

다음을 기약하는 담담한
인사

허망하지 않았다
남긴
마지막 흔적

석양의 코스모스

불그스름하게 농익어 가는
가을의 석양 아래
세상이 일순 고요에 잠기자
흔들림을 멈추고 고개 숙인 코스모스

그들 무리의 머리 위
비스듬히 노을이 비켜 앉고
서녘에 걸친 구름
제빛 잃고 물들어간다

한낮의 번잡에서 벗어나
사유를 즐기다
짓궂은 바람의 농에
옅은 춤사위로 화답하며

석양이 스러지면
흔들림의 잔상마저 지우고
한해살이의 하루
태고의 시간 속으로 빠져들면

서둘러 밤 마중 나온 조각달
코스모스의 한 생
말없이 지켜보고 있다

바스락바스락

바스락바스락
말간 햇살 품에 안겨
나른한 꿈에 빠진 멍석 위 고추

바스락바스락
개운한 제 몸 비벼가며
바람의 귀향 노래하는 갈대

바스락바스락
생각 익어가는 소리
수줍게 붉어가는 수숫대

바스락바스락
바람 따라 떠날 세상 구경
기다림 뒤척이는 은행잎

바스락바스락
윗뜸 단풍 들었단 소식에
고운 치장 재촉하는 아랫뜸

한 겹 한 겹, 계절을 펼치자
침묵할 수 없는 가을의 소리

바스락바스락 바스락바스락

제9부

긴 어둠의 파수꾼

어둠의 파수꾼

찬 겨울 시린 바람에
두 눈 껌뻑여도 눈 감을 순 없다
날이 새기까지 부릅뜨고 골목을 밝혀야지

쑴벅쑴벅 지나가던 초침
어둠 틈타 졸고 있지만
가로등은 아랑곳없이 골목만 응시한다

빛이 어둠을 삼킬 때까지
오가는 일들에 입 막은 채
어두운 낯빛에 따스한 빛 쪼여주고
버거운 어깨에 환한 용기 얹으며

인적 끊겨 스산한 밤
돌고 돌아 골목으로 찾아온
차디찬 계절에게도 침묵의 온기 나눠준다

가끔 골목 헤매던 바람
투정이라도 부릴라치면 빙긋이 갈 길 밝혀주는
긴 어둠의 시간, 그렇게 지키고 있다

스스로 옷을 벗는 나무

선홍빛 고운 치장
하루만큼씩 내려놓고
나목이 되어가는 계절

다가올 나날 알기에
모두가 눈 감고 달려가는 세상
스스로 비워내는 중이다

스산한 바람에 몸을 맡긴 채
한 꺼풀씩 떨구며
아름다운 순간 누렸으니 더는 원 없다
온몸으로 보여주는 순응의 시간

조각달이 뱉어내는 고단함
묵묵히 받아 쥐고서
달그림자 나란히 가을밤 이고 섰다

어느 눈 내리는 겨울밤
순백의 옷마저 부르르 털어내며
제 삶, 부끄럽지 않았다
벗은 몸 오롯이 보여주련다

세밑가지

세상을 덮은 눈은
모든 소리도 삼켰다

설국의 서슬에
시퍼렇게 놀란 달빛
감나무 가지에 걸려
숨을 죽이고

삭정이 가지에 걸터앉은 바람
잠시 숨을 고르자
백설 모자 살금 밀어 올린
홍시 두 알

말간 두 눈 치켜뜨고
새빨간 혀로
꽁꽁 언 겨울을 맛본다

금방이라도
툭!
멈출 것 같은 심장
간신히 세밑가지 붙잡고
대롱대롱 겨울밤을 나고 있다

겨울 참새

푸르름 떨군 나목에
참새가 잎이 되었다

짧은 볕이 가지에 걸터앉자
작은 얼굴 갸웃거리며
설익은 볕 한 움큼 달게 삼킨다

서릿장 같은 한기에
한껏 부풀린 털보숭이
바람 끝 닿으면 떼구루루 구를까
허공으로 흩어졌다 돌아오며
합창하듯 군무를 펼친다

같은 눈짓 같은 몸짓으로
무리 지어 함께함은
혹독한 계절 날 수 있는 지혜

혹한의 사방 움츠린 허공
가을걷이도 풀 한 포기도 없는
텅 빈 도시
포르르 포르르 지키고 있다

토렴

토닥이는 온도가 뭉클하다
세찬 칼바람의 냉기 담아
안과 밖 경계에 선 몸
가만히 어루만지는 손길

애썼다 맞아주는 눈길에
하루의 고단 묻혀온 얼굴
쓰디쓴 먹구름 지워지고

안쓰러움 역력한
푸근하고 평온한 품에
서둘러 어깨를 내려놓으면

아궁이 연탄불보다 따스한
아랫목 이불 속 밥주발
차디찬 가슴속 살핀다
메마른 허기를 달랜다

동면

사그락사그락
장독대에 눈 내리는 밤
고운 이불 뒤집어쓴 항아리

빼꼼히 궁금한 눈알
이불 밖으로 내놓았다가
에취! 화들짝 놀라
얼른 숨어버린다

이제는 단잠에 들어야 할 때
포근한 달빛 품으로
스르르 감기는 눈

어느 햇살 좋은 날
발가락 꼬물거리며
기지개 켜고 일어나야지

새하얀 세상 베고 누워
소리 없이 눈을 감는다
긴 꿈속으로 빠져들어 간다

눈 속에 핀 홍시

앞다퉈 고움을 자랑하고
대가로 얻을 다음 생 위하여
우르르
튼실한 저의 몸 공양할 때

낙엽 지는 두려움
해를 맞는 설렘
갈등 속에 점점 붉어지는 홍시

때에 굴복하지 않고
혹한의 창공에 매달려
승화의 꿈 놓지 않으니

모든 것이 하얗게 덮인 세상
홀로 꽃봉오리 터트려
붉게 웃을 수 있어라

동백

눈 감을 수 없어
시퍼런 눈
멀쩡히 뜨고 있었지

기막힌 일은
언제나
찰나에 터지는 법

천지가 뒤집힌 광기 아래
시뻘건 울음 터트리며
제 몸 던져 나뒹굴던 바닥

목숨이 다한
어둠 속에
꽃등으로 피었구나

순백의 전언

누구의 슬픈 영혼
마지막 눈물 모아
온 천지에 흩뿌리는 걸까

송이송이 응집되어
형체마저 띠었구나

아직 할 말 있다
허공 속으로
하염없이 외치는 갈망

두 뺨 비비며 내리는
전언(傳言)의 결정체

시린 가슴 파고들며
사박사박
시(詩)가 되어 내린다

차디찬 기억 속
순백의 낙인 되어
파르르 숨결 고른다

눈사람 이야기

두 눈 닫아도 잔상으로 남아
지워지지 않는 모습
밤새 바라본 골목길
차디찬 달빛 아래 바람만 서성이고
어둠 속 흐느끼는 기다림

허황한 가슴
찬 손으로 다독인 시간
날이 밝는다

거리엔 발자국 어지러워도
익숙한 모습 보이지 않는데
마법의 시간 짧아져 가고
불안한 눈빛 스러져가는 몸
허공에 흩어지는 숨결

그래도 남은 소망
꽃바람 부는 어느 날
여전히 이 자리에
꽃이 되어 기다릴 수 있을까

얼음새꽃의 사랑

묵묵히 삭힌 시간 마침내 뱉어 놓으려
절벽 같던 희망, 간절히 뜨거워지는 찰나
하얀 눈 속 헤치며 두려움 없이 솟아올라
열망을 피우려는 몸짓이 있다

차디찬 대지 위에
바둥대며 꽃대 세우고
그득한 꽃향기의 만찬 준비하니
쌓인 눈은 하릴없이
스르르 자리 내어주곤 숨을 삼킨다

순수의 얼굴에 깃든 조용한 갈망
노란 꽃망울은 눈시울이 뜨거워
살포시 생각에 잠기고

달빛의 심성으로
하얗게 바랜 그리움
잔설 비탈에 샛노랗게 토해내니
바람이 머문 동토, 온통 꽃밭이어라

순결하고 심오한 시혼(詩魂)으로 직조한 심미적 영상의 모티프

— 정은숙 시집 『붉은 안개의 유혹』

최병영(시인 · 문학평론가)

1. 붉은 안개, 그 질곡의 혼돈과 몽환적(夢幻的) 자아상

정은숙의 시는 향기를 지핀다. 깊은 상념과 사유로 숙성시킨 입체적인 의미가 은은한 향기를 지피며 개성적인 이미지(image)를 창출한다. 정은숙의 시에는 여운이 있다. 순결한 영혼의 결로 빚은 진동의 언어가 시적 세계를 관류하며 고찰(古刹)의 범종소리처럼 운치있게 동심원의 파장을 이룬다. 정은숙의 시에는 여백이 있다. 예지(叡智)와 상상력이 자유로이 시적 내면의식의 층위(層位)를 형성하며 의미론적 순환으로 하얀 순백의 공간을 마련한다. 정은숙의 시에는 훈기(薰氣)가 있다. 일상에서 형성되는 신념과 의식이 시로 채화(採火) 되는 과정에서 에너지원으로 작용하며 인간애의 보편적 감성을 고취하여 훈훈한 질감으로 발현한다. 정은숙의 시는 선율이 심층에서 다양하게 변화하는 오페라의 성악곡이다.

시는 인간정신의 총체적 반영(反映)이다. 시작행위에 있어 긴축과 사유(思惟), 예지가 화학적 융합을 이루며 명시는 탄생한다. 품격 있는 시는 항시 구체성과 창의성, 선명한 이미지와 신비로운 여백의 공간을 잘 조율하고 참신한 언어로 깊은 내면의 흐름을 결집한다. 좋은 시는 함축적 언어, 비유와 상징, 철학적 정신, 운율과 이미지, 주제가 선명한 시이다. 시는 상상력에서 발아(發芽)하는 심미적 세계의 영상이다. 자신을 해체하고 재조합하는 창조적 행위의 동기는 상상력에서 발현한다. 시를 쓰는 일은 이 상상력을 근원으로 끊임없는 탐구와 번민을 반복하는 행위이다. 시인은 부단히 숙고하고 갈등하며 숙명처럼 내면의 진통을 극복해간다. 그러기에 시는 아름답고 고귀하며 숭고하다. 시는 영혼의 타래를 풀어 직조(織造)하는 경이로운 예술이다.

사방이 어둠으로 가득 차
분간 못할 어스름 속

갈등은 갈망을 낳고
경계를 넘어서지 못한 이성
하나씩 쓰러지는 밤

안개도 유혹을 탐했다

새벽을 몰고 온 혼돈
말간 해가 솟아도
물러서지 않는 핏빛 미로

사면을 차단한 채
형상이란 형상
죄다 몽환으로 묶어놓고
소리 없이 달아난 공간에서

어슴푸레하고 눅진한 시간
한낮이 되어서야 메말라
뒤돌아봄 없이 떠나고 있다

—「붉은 안개의 유혹」 전문

정은숙 시인의 시집 『붉은 안개의 유혹』표제시이다. 정은숙 시인의 이 표제시는 시집에 게재된 시 전체를 관류하고 아우르며 주요 시맥(詩脈)을 형성하는 작품이다. 이 시의 시적배경을 이루는 주요 시제는 '어스름'이다. 어스름은 날이 저물 무렵이나 동이 트기 전에 햇빛이 비치지 않아 어둑어둑한 상태를 지칭한다. 이 어스름은 점차 사방이 어둠으로 들어차 지척을 분간할 수 없는 상태로 변신해 간다. 그리고 이에 따라 시적자아의 정서도 갈등에서 갈망으로 변화하며 더욱 절실해진다. 시적 주체가 애타게 소망하는 희원(希願)은 이성의 경계와 상황의 한계에 봉착하여 하나씩 허물어져간다. 시적자아가 지닌 근원적 욕구와 욕망은 강렬하나 결국 현실상황과 관습적 인식의 타성 앞에서 본상의 정체성을 상실하고 쓰러져간다. 그것은 지독한 혼돈이다. 정신적 가치가 뒤섞여 도저히 갈피를 잡을 수 없는 상황이 연속된다. 그 상황은 새벽이 오고 말간 해가 솟아도 미로를 벗어나지 못하고 지속된다. 삶의 현실에서 존재하는 상관물은 모두 몽환적(夢幻的)이다. 사면이 차단된 공간에서 모든 형상은 현실이 아닌 꿈이나 환상적 기제로 존재한다. 그러기에 그곳에서는 안개까지도 붉은 색으로 유혹을 탐한다. 붉은 안개로 뒤덮인 세상은 결국 어슴푸레하고 눅진해진 한낮이 되어서야 메말라 소멸된다. 붉은 안개의 시간은 유한적이다. 현재 전개되는 무질서한 현상이나 예측 불가능한 비가시적 상황은 영구불멸의 것이 아니라 한시적인 현상으로 규정된다. 이는 결국 카오스(chaos theory)로의 회귀를 의미한다. 안개로 인한 비가시적 세계는 인식할 수 없거나 감각할 수 없는 극단적 단절의 세상이 아니라 심층적 내부에 모종의 정연한 질서가 존재하는 세상인 것이다. 비록 현상적 삶에서 혼돈과 무질서가 팽배하여 가치관의 혼돈이 있다 해도 이는 결국 언젠가 명징하게 본질적 가치추구의 본상으로 유착(癒着)된다는 신념의 반영이다. 붉은 안개는 정은숙 시인이 표제시에서 제시하는 심층적 사유의 요체이며 명확한 주요 화소(話素)의 핵심이라 할 수 있다.

2. 심미적 혜안(慧眼)으로 통찰하는 존재탐구의 메시지

정은숙 시인이 적시(摘示)하는 시는 살아온 삶의 양상에 대한 본질 규명과 이해이고 살아갈 삶에 대한 기대와 희원의 메시지(message)이다. 정은숙 시인의 시는 영혼의 진액을 풀어쓰는 숨결의 노래이다. 때문에 이는 '몸부림으로 사윈 마지막 울음/ 절망의 시간 지나온 미명(「기억 저편의 밤」)'에 있고, '평행선으로 무장한 길 따라/ 다시 뱅뱅 도는 무언의 삶(「모래시계」)'에도 있으며 '기나긴 꿈 되새기고/ 여울진 마음 펼쳐/ 심상(心像) 마주하는 순간(「나의 하루는 너의 하루가 되어」)'에도 잠재한다. 또한 이는 '햇살이 간지럽게 손짓하며/ 유혹하다 지나간 자리(「그루터기」)'에도 있고 '양지바른 봉수대에 아지랑이 피어오를 때/ 함께 일렁일 숨결(「시간 저금통」)'에도 있으며 '꽃송이 휘황히/ 불꽃처럼 터트리는/ 환희의 아우성(「4월의 아우성」)'에도 있다. 시는 고뇌하고 연민하는 사람들의 가슴에서 풀꽃처럼 돋아난다. 그것이 오롯하고 향기로운 시의 본상이다. 정은숙 시인은 시집에 상재한 작품을 통하여 참되고 값진 시의 존재가치를 그렇게 규정한다.

모질고 모질도록
유혹의 망(網) 짓는다
결핍을 채워야 한다

절박한 페로몬이라도 뿌릴까
아찔하고 음습한 몸놀림의 파동

뒤따른 팽팽한 응답

그림자에 박힌
심장을 꺼내놓으며
긴박한 고동 소리 읽는다

둥근 해, 둥근 땅
둥근 생사의 줄

둥그렇게 목숨의 줄 깁고
몸 굴려 유연히 휘감는다
언제 적 기억인지 뇌리에 남아
태아가 된 생, 칭칭 말고 있다

—「거미집」 전문

떠나는 뒷모습도 아름답다
모두가 소망하듯

휘-익
서늘한 손짓에 몸을 맡기고
제 몸 가누었던 허공에 눈을 맞춘다
서서히 대지에 입맞춤으로 의식은
끝났다

산화,
그 분분(芬芬)한 아름다움

다음을 기약하는 담담한
인사

허망하지 않았다
남긴
마지막 흔적

—「풍장(風葬)」 전문

정은숙 시인의 시집『붉은 안개의 유혹』중에서 가장 초점이 모아지는 절창(絕唱)들이다. 심오한 내면적 시상 전개가 순연하고 사실적 정황 묘사가 질박하며 긴축미를 지닌 생동적인 언어가 시의 기반을 탄탄히 지지(支持)하여 시적의미를 탄력적으로 형상화하고 있다. 인간은 근본적으로 결핍을 지닌 존재들이다. 이 결핍을 극복하기 위해 때로는 거미처럼 모질게 유혹의 망(網)을 지어야 한다. 아찔하고 음습한 파동은 생사여탈의 팽팽한 긴장 속에서 항시 긴박한 상황으로 치닫는다. 거미는 '둥근 생사의 줄'로 태아가 된 생을 칭칭 휘감는다. 인간은 일상생활을 통해 삶의 질곡(桎梏)에서 시련을 겪으며 조금씩 단단해져 간다. 일상에 늘어뜨린 유혹의 망은 충만을 지향하는 유연한 몸놀림으로 목적을 성취해 간다. 시적자아는 삶의 주위에 펼쳐진 제반의 유혹을 뿌리치고 초월적이고 의지적인 자아상을 구축해가야 한다. 그것이 시「거미집」에서 유추하여 귀착(歸着)할 수 있는 진솔하고 오롯한 삶의 방식이다. 거미집은 역설적으로 거미줄을 벗어나기 위한 몸부림의 발현이다.

인간에 대한 장법(葬法)에는 토장(土葬)·화장(火葬)·수장(水葬)·수상장(樹上葬)·조장(鳥葬) 등이 있는데, 풍장도 옛날부터 세계적으로 널리 분포되어 있는 장법 중의 하나이다. 풍장(風葬)은 사체를 지상이나 나무 위, 암반 등과 같은 자연 상태에 유기하여 비바람을 맞혀 부패케 함으로써 자연적으로 소멸시키는 장법이다. 떠나는 이의 뒷모습은 아름다워야 한다. 그것은 누구나 이승을 하직할 때 소망하는 마지막 자아상의 모습이다. 한 생에 걸쳐 머물렀던 대지에 입맞춤함으로써 존재의 의식은 끝난다. 존재자는 사멸하기 위해 생명을 갖는다. 이 시에서 '산화/ 그 분분(芬芬)한 아름다움'이나 '허망하지 않았다/ 남긴/ 마지막 흔적'과 같은 시적 감성은 매우 주목되는 집약적 표현이다. 감정을 극도로 절제하고 함축적으로 시의 심미적 정황과 정서를 간결하게 담아내고 있다. 도치법에 의해 시상을 고밀도로 집약하고 주제를 승화시키는 절묘한 시적기법이 돋보인다.

3. 감성과 묘사, 시적 투시력에 의한 내면의식의 층위(層位)

시는 감성의 예술이다. 기존에 인지하는 세계를 은닉하거나 발현하는 현상을 감지하여 이를 이해하고 수용함으로써 자신만의 언어로 재구성하고 확립하기 위해서는 인식과 사유를 언어화할 수 있는 시적감성이 필연적이다. 시는 신비감 넘치는 선명한 이미지를 형상화하고 시적대상에 대한 깊은 상념과 인식으로 오랜 숙성을 거친 후에야 비로소 빛나는 감각적 표상의 작품을 빚을 수 있다. 정은숙 시인에게 있어 꽃은 지배적

심상으로 자리하여 주요한 화소(話素)로 결실된다. 꽃은 화려함과 번영, 영화로움의 긍정적 의미를 표상하고, 아름다운 여인이나 인간 삶에 있어 좋은 일, 영화로운 것에 비유하기도 한다. 꽃은 젊음과 사랑을 상징하기도 하고, 한 집단을 표상하는 주체로 활용되기도 한다. 우리 선인들은 꽃에도 품계나 등급을 부여하길 즐겼는데, 이는 꽃의 아름다운 미감보다 꽃이 지닌 상징적 의미에 주목하여 등위를 정한 것으로 이해된다. 꽃은 아름다움을 상징하나, 이를 미적가치로만 인식하면 품격 있고 격조 높은 시의 형상화는 불가능할 것이다. 정은숙 시인은 꽃으로 대별되는 다양한 제재를 조밀한 시선으로 투시하고 이에 가치 있는 의미를 부여함으로써 합리적으로 주제를 강화하는 시적 기법이 탁월하다.

찬 서리 밟고 움츠리다
박제처럼 메마른 생살
거친 결별로 떨군 나목

진득하게 침잠한 세월
봄볕의 소란에
거침없이 풀어내니

비단 치맛자락의 춤사위
구름처럼 피어나
눈부시게 세상을 휘감는다

—「목련」 일부

아련한 마음 알 길 없는
임은 발걸음 재촉하고
다급해진 해바라기, 발돋움으로 고개 올려본다

임의 얼굴 따라가며 타들어 가는 아쉬움
노랗게 아름답던 웃음마저 시드는데
말라 가는 목숨 아랑곳없이
붉은 숨결 토해내며 서녘으로 떠나는 임

사리처럼 응집되는 고통
새까맣게
씨앗으로 영글어가고 있다

—「해바라기」 일부

한낮의 번잡에서 벗어나
사유를 즐기다
짓궂은 바람의 농에
옅은 춤사위로 화답하며

석양이 스러지면
흔들림의 잔상마저 지우고
한해살이의 하루
태고의 시간 속으로 빠져들면

서둘러 밤 마중 나온 조각달
코스모스의 한 생
말없이 지켜보고 있다

—「석양의 코스모스」 일부

기막힌 일은
언제나
찰나에 터지는 법

천지가 뒤집힌 광기 아래
시뻘건 울음 터트리며
제 몸 던져 나뒹굴던 바닥

목숨이 다한
어둠 속에
꽃등으로 피었구나

—「동백」 일부

꽃은 꽃이라서 아름답고 향기롭다. 꽃은 화종(花種)에 따라 색상이나 느낌, 그것이 시사(示唆)하는 의미는 각기 다르다. 동토의 대지에서 연한 크림색 치맛자락 한 폭이 사르르 떨리며 목련이 피어난다. 이는 대단히 뛰어난 상상력의 발현이자 면밀하고 심층적인 의식을 응집(凝集)한 감각적 표현이다. 목련은 그리움의 눈물이 지워진 얼룩진 자리에서 숨이 돋아나 메마른 가지에 눈부시게 새하얗고 커다란 꽃을 피운다. 꽃을 피우기 위한 목련의 겨울 준비는 각별하다. 목련은 찬 서리 밟고 움츠리다 거친 결별로 떨군 나목에서 피어난다. 시의 마지막 연을 이루는 '비단 치맛자락의 춤사위/ 구름처럼 피어나/ 눈부시게 세상을 휘감는다'는 표현은 목련의 이미지를 구체화하여 감칠맛 있게 적시함으로써 시 전체의 밀도를 높여 아우르는 아주 재치 있고 참신한 갈무리 기법이다. 해바라기는 태양처럼 뜨거운 감성을 대변하는 영혼의 꽃이다. 이는 해를 임으로 의인화하여 온종일 따라가며 타들어가는 해바라기의 습성을 시화하여 그려낸 작품이다. 걸음을 재촉하는 임과 허공을 맴돌며 혼신을 다하여 눈 맞춤을 시도하는 해바라기의 상대적 심리상태가 대비되어 시적긴장을 강화한다. 노란 웃음마저 시들고 말라가는 주체의 붉은 한숨과 목숨, 사리처럼 응고되는 고통으로 까맣게 영글어가는 일련의 시적 과정이 애절한 정서를 유발하며 절절한 감성적 느낌으로 와 닿는다. 코스모스는 수줍음 많은 발랄한 소녀가 꽃바람 살랑대는 풀밭을 뛰노는 정경을 연상시킨다. 하늘거리는 핑크빛 꽃잎은 봄날에 여인의 밝은 색 원피스가 바람에 살랑대는 모습을 떠올리게 한다. 코스모스는 청초한 가을꽃이다. 비스듬히 노을이 비껴 앉으면 한낮의 번잡에서 벗어나 살랑대는 바람결에 가벼운 춤사위로 화답하는 시적 주체와 서둘러 밤 마중 나온 조각달의 그윽한 정경이 한 폭의 수채화처럼 인상적으로 그려진다. 조각달을 객관적 상관물로 상정하고 그의 시선으로 그려지는 동양화의 한 폭 같은 영상이 화평하고 아늑한 태고의 시간 속으로 시적 대상을 견인하여간다. 동백은 다른 꽃들이 다 지고 난 추운 계절에 홀로 피는 독특한 꽃이다. 겨울에는 수분을 도와 줄 곤충이 없기에 향기보다는 강한 색깔로 동박새를 불러들여 꽃가루받이를 한다. 이 시에서 동백은 '눈 감을 수 없어 시퍼런 눈 멀쩡히 뜨고 시뻘건 울음 터뜨리며 목숨이 다한 어둠을 밝히기 위해 피는 꽃등'으로 묘사된다. 동백의 본질과 속성을 깊이 응시하여 주된 의미를 정화(淨化)하고 특징적인 작품으로 구현하는 시인의 재치와 시적 기량이 참으로 대단하다. 동백에 얽힌 전설에 의해 유래하는 '나는 당신만을 사랑한다'는 꽃말의 외침이 천둥처럼 굉음(轟音)으로 들려오는 듯하다. 정은숙 시인이 구현하는 꽃 시들은 저마다 독특한 속성과 이미지, 상징적 의미를 지닌다. 이들을 치밀한 관찰과 묘사, 섬뜩한 시적 투시력에 의해 유의미한 작품의 제재로 수용하고 선명히 주제를 강화하여 시를 음미케 한다. 저마다 개성과 특성을 창출하여 창의적이고 이상적인 작품의 반열에 올리는 재능이 두드러진다.

4. 질박한 의식과 상념으로 형상화한 실존적(實存的) 메시지

정은숙 시인의 작품에서 현상에 대한 '극복 의지'는 주요 모티프(motif)를 형성하며 시의 중추기반으로 자리한다. 이는 매우 진지하고 다부지며 명확한 형상으로 작용한다. 정은숙 시인의 시는 어조(語調)가 진정성으로 가득 차있다. 시적감동의 제일차적 원천은 바로 이 진정성에서 발현한다. 이를 새롭게 표현하여 미적 감각을 자극하는 것이 문학의 본류(本流)라 할 수 있다. 탁월한 문체와 간결미가 돋보이는 수사학이 구성과 표현에서 묘미를 창출하고 시적화자가 지닌 철학으로 깨달음을 부여하는 것이 시학의 값진 진면목이다. 문학작품의 존재이유는 감흥과 교훈의 두 가지 측면에 기인한다. 이를 위해서는 T,S 엘리엇(Eliot)의 주장처럼 시인은 작품 속에서 정서와 사상을 등가로 침전시켜야 한다. 시 작품은 작가와 독자와의 거리를 연결 짓는 소통의 설계도이다. 보다 능동적이고 효율적인 소통을 위해서는 작품에 투영된 시인의 어조가 진정성에 가득 차 있어야 한다. 시는 사유의 총합에 의해 결실된다. 시의 사유는 감성과 이상 사이에 존재하고, 상념과 철학 사이에 존재하는 상관물이다. 이를 올바로 구현하기 위해서는 괴테(Goethe)의 지적처럼 시인들이 창작과정에서 잉크에 너무 많은 물을 타서 쓰는 행위를 지양해야 한다. 시는 혈관을 관류하는 뜨거운 피로 쓰는 형이상학적 창조물이기 때문이다. 정은숙 시인의 펜은 강렬한 핏빛으로 올곧이 직립해 있다.

우울해하기엔
사방이 온통 맑은 날
허공을 잡고라도 일어나야 한다

달큰한 숨결
쌉싸름한 내음
몽환 속 그림자
유혹이 휘청이는 곳
향내 도사리는 바닥엔
마비된 신경들 나뒹굴고
녹슨 끈은 올무로 얽혀있다

수렁에 핀
끊어야 할 당위를 밟으며
하나씩 벗겨지는 허상의 유희

칙칙한 가슴 움츠려도
우울할 수 없이 맑은 날엔
빛살을 날개 삼아 날아야 한다

—「늪 탈출기」 전문

시에 있어 가장 중요한 요소 중 하나는 시적화자의 진솔한 감정과 태도이다. 우리는 여기에서 그렇게 솔직담백하며 숙연한 의식으로 굴곡진 현실을 타파하고자 하는 시와 직면한다. 우울해하기엔 너무도 세상이 맑은 날, 향내 진득한 바닥엔 마비된 신경이 나뒹굴고 녹슨 끈이 올무로 얽혀있다. 이처럼 심대하게 저층의 질곡을 지배하는 숨결과 내음, 그림자로부터 탈출해야 한다. 기필코 빛살을 날개 삼아 날아야 한다. 허공을 잡고라도 일어서야 한다. 꾸밈없는 의식의 투명성과 작위적이지 않은 의지적 언어의 융합으로 빚어낸 순결한 영혼의 자아상(自我像)이 리얼리티(Reality)를 동반하며 소용돌이친다. 시적자아가 자신의 내면적 의지를 명료하게 드러내어 굳센 감정으로 표상화하는 경이로운 시적태도의 발현이다. 그러기에 불균형한 삶의 지평에서 이 시는 더욱 값지고 귀중한 가치를 갖는다.

5. 정은숙 시인의 작품이 지닌 문학적 관견(管見)

정은숙 시인의 시집 『붉은 안개의 유혹』은 몇 가지 특징적이고 개성적인 시적 체계를 구축하고 있다. 첫째, 깊은 상념과 숙성된 사유를 기저로 오롯이 올곧은 삶의 궤적(軌跡)을 형상화하여 시로 상형해간다. 명상적이고 철학적인 시인의 사고와 의지적 관념을 채화(彩畵)하여 작품의 기틀을 형성하고 이를 섬세한 화필로 수채화처럼 다채로이 피워낸다. 둘째, 참신하고 생동적이며 톡톡 튀는 감각적 시어를 자유자재로 구사하여 개성적인 시의 내면을 직조(織造)한다. 시의 외형은 언어의 마술에 의해 형성되고 시의 내면은 면밀한 사고에 의해 창조됨을 작품을 통해 실증해 보인다. 정은숙 시인은 볼륨 있는 언어의 융합으로 시의 솔기를 꼼꼼히 박음질한다. 셋째, 일상적인 정서와 감성을 초탈하여 차원 높은 지성적 성찰의 이상을 구현한다. 면밀히 정제된 감각과 밀밀한 정서를 채집하여 시의 바탕을 채색하고 진폭 큰 감성을 축출하여 시의 내부를 모자이크(mosaic)함으로써 전체 문양을 밀도 있게 형성해간다. 넷째, 망막에 투영되는 인상적인 정경과 특출한 영상의 단면들이 시의 다채로운 질감을 형성하며 동심원의 파장을 일으킨다. 섬뜩하리만큼 강렬하고 예리한 의식과 통찰적인 혜안(慧眼)으로 본질을 파악하여 천착(穿鑿)하고 본상(本像)의 내면을 면밀히 분석함으로써 합리적인 조화와 균형감을 구축한다. 다섯째, 작품의 미학적 구조가 탄탄하고 사고의 영역을 확

장함으로써 스펙트럼(spectrum)의 다양성을 추구한다. 광활한 인생의 지평에서 삶에 투영된 현상을 다면적 프리즘으로 조명하여 진솔하고 질박한 작품으로 구현한다.

아울러 평자(評者)로서 지면의 한계로 인해 정은숙 시인의 다수 역작들을 더 많이 언급하지 못함을 매우 아쉽게 여긴다. 정은숙 시인의 시집 『붉은 안개의 유혹』 상재를 진심으로 축하하고, 노무사에 잇대어 단 시인의 나래를 활짝 펼치고 드넓은 순수문학의 창공을 자유로이 훨훨 날기 바란다.

문학세계대표작가선 881

붉은 안개의 유혹

정은숙 시집

인쇄 1판 1쇄 2019년 3월 16일
발행 1판 1쇄 2019년 3월 23일

지 은 이 : 정은숙
펴 낸 이 : 김천우
펴 낸 곳 : 도서출판 천우
등 록 : 1992. 2. 15. 제1-1307호
주 소 : 서울시 성동구 무학봉28길 6 금용빌딩 2F
전 화 : 02)2298-7661
팩 스 : 02)2298-7665
http://moonhak.wla.or.kr
E-mail : chunwo@hanmail.net

값 10,000원

ISBN 978-89-7954-760-3

이 도서의 국립중앙도서관 출판예정도서목록(CIP)은 서지정보유통지원시스템 홈페이지(http://seoji.nl.go.kr)와 국가자료공동목록시스템(http://www.nl.go.kr/kolisnet)에서 이용하실 수 있습니다. (CIP제어번호: CIP2019007417)